I0215211

LA REINE DE CHYPRE

OPÉRA EN CINQ ACTES

Paroles de M. DE SAINT-GEORGES

MUSIQUE DE

F. HALÉVY

Membre de l'Institut

REPRÉSENTÉ POUR LA PREMIÈRE FOIS
SUR LE THÉATRE IMPÉRIAL DE L'OPÉRA
Le 22 Décembre 1841

SEPTIÈME ÉDITION

PRIX : 1 FRANC

PARIS
CHEZ Mᵐᵉ Vᵉ JONAS
LIBRAIRE-ÉDITEUR DU THÉATRE IMPÉRIAL DE L'OPÉRA
RUE MANDAR, 1

MICHEL LÉVY FRÈRES, LIBRAIRES, RUE VIVIENNE, 2 BIS
TRESSE, LIBRAIRE, GALERIE DE CHARTRES, PALAIS-ROYAL

1858

NOTICE HISTORIQUE
SUR
CATARINA CORNARO,
REINE DE CHYPRE (1).

Jean de Lusignan, plus connu sous le nom de Jean III, roi de Chypre, était un prince faible, gouverné par sa femme Hélène Paléologue. Il n'était issu de leur mariage qu'une fille, unie à Jean de Portugal, qui résidait dans l'île de Chypre. Mais un fils naturel du roi, le prince Jacques de Lusignan, doué d'un esprit actif et entreprenant, effraya tellement l'ambitieuse Hélène par ses prétentions au trône, qu'elle obtint du roi qu'il fût ordonné prêtre et nommé archevêque de Nicosie, métropole de l'île. A cette époque, se trouvait à la cour de Chypre un patricien de Venise nommé Andréa Cornaro.

Ce seigneur ayant fait voir au prince Jacques le portrait de sa nièce, Catarina Cornaro, et remarquant la vive impression que causait au fils du roi l'image de cette belle personne, lui conseilla de se faire relever de ses vœux, de s'unir à Venise en épousant la fille d'un des sénateurs de la république et de réclamer le secours et l'appui des Vénitiens pour succéder à son père qui venait de mourir.

Le prince accueillit cet espoir avec empressement. Andréa Cornaro fut le négociateur de toute cette intrigue. Charlotte de Portugal, qui avait hérité du trône de son père, Jean de Lusignan, fut chassée par les Vénitiens de son royaume et se sauva dans l'île de Rhodes.

Catarina Cornaro apporta une riche dot à Jacques de Lusignan, élu roi de Chypre. Le 1ᵉʳ juin 1469, la jeune reine fit son entrée dans l'île de Chypre sur une escadre vénitienne conduite par Andréa son oncle. Le sénat de Venise déclara Catarina fille de Saint-Marc. Le nouveau monarque se jeta entièrement dans les bras des Vénitiens; il leur accorda tous les emplois de confiance dans les finances, la justice et l'armée. Mais ils en abusèrent bientôt en opprimant le peuple de Chypre au nom du roi faible et valétudinaire dont la république convoitait depuis longtemps le trône. En 1473, quatre années après son mariage avec Catarina Cornaro, le roi de Chypre mourut, laissant sa femme enceinte. On ne manqua pas d'attribuer au poison cette mort prématurée; car les derniers moments du roi furent affreux, et l'évêque de Nicosie, ennemi des Vénitiens, raconta que le roi, désabusé sur l'amitié de Venise, l'avait accusée des douleurs horribles qu'il souffrit à son lit de mort.

Plusieurs conjurations éclatèrent dans la nuit du 13 novembre 1473. Les révoltés s'emparèrent de la reine et de son fils, et voulurent forcer Catarina à se soumettre au pouvoir de Venise et à lui céder la régence. La reine s'y refusa courageusement, malgré les menaces de l'amiral Pierre Mocénigo, nommé depuis généralissime de la république en 1474, et qui perdit, en 1475, une célèbre bataille navale contre Soliman III. Le règne de Catarina Cornaro dura quinze années.

Mais enfin, soit faiblesse, soit découragement, après une lutte si longue et si pénible, la reine de Chypre consentit, en 1488, à remettre son royaume entre les mains des Vénitiens, et la république prit possession de cet État le 26 février 1489.

La reine s'embarqua le 14 mai. A son arrivée à Venise, le doge et le sénat allèrent au-devant d'elle et la reçurent dans le Bucentaure. Le château-fort d'Azolo, situé sur les collines du Trévisan, lui fut assigné pour demeure.

Depuis lors, elle y vécut environnée d'honneurs et de gardiens, et finit ses jours en conservant le titre de reine et une petite cour (2) qui rappelait le rang qu'elle avait occupé.

L'île de Chypre demeura soumise aux Vénitiens jusqu'à ce que les Turcs en fissent la conquête en 1571.

(1) Extraite de l'*Histoire de Venise*, par le comte Daru, des *Mémoires sur la république de Venise* et de la *Géographie universelle*.

(2) Cette cour acquit quelque célébrité dans les lettres par les *Azolani*, de Bembo; ce sont des entretiens sur l'amour, qu'il prête aux courtisans de la reine de Chypre.

Imprimerie Dosery-Duprés, rue Saint-Louis, 46, au Marais.

LA
REINE DE CHYPRE,

OPÉRA EN CINQ ACTES.

Distribution:

PERSONNAGES.	ACTEURS.
ANDRÉA CORNARO, patricien de Venise...	M. Carlon.
GÉRARD DE COUCY, chevalier français..	M. Roger.
JACQUES DE LUSIGNAN, roi de Chypre...	M. Bonnière.
MOCENIGO, sénateur, membre du conseil des Dix..................................	M. Marié.
STROZZI, chef de bravi, à la solde de la République...........................	M. Kaenig.
CATARINA CORNARO, nièce d'Andréa..	Mᵐᵉ Rossi-Mano.
HÉRAUT D'ARMES...	M. Portheaut.

SEIGNEURS VÉNITIENS,
DAMES VÉNITIENNES.
PAYSANS ET PAYSANNES des environs de Venise.
SEIGNEURS CYPRIOTES.
DAMES CYPRIOTES.
GARDES, COUR du roi de Chypre.
L'ARCHEVÊQUE DE CHYPRE.

CLERGÉ de la cathédrale,
PEUPLE CYPRIOTE.
COURTISANES.
VALETS, ÉCHANSONS, DANSEURS, DANSEUSES,
BRAVI VÉNITIENS ET CYPRIOTES.
ARMÉE DU ROI.

La scène se passe en 1441. — Les deux premiers actes à Venise; les trois derniers dans l'île de Chypre.

ACTE PREMIER.

Le théâtre représente la salle des fêtes de la villa Andréa, près de Venise. Au fond, une terrasse, au bas de laquelle coule la Brenta. A gauche, les appartements de Catarina, auxquels on monte par un vaste escalier. A droite, un balcon donnant sur la campagne.

SCÈNE PREMIÈRE.

CATARINA, *entrant.*
RÉCITATIF.
Du jour tant désiré paraît enfin l'aurore!
Au pied des saints autels je recevrai ta foi,
O mon Gérard!... Quelques instants encore
Je l'entendrai me dire : Sois à moi!
    Voici l'heure où sa voix fidèle,
Murmurant aux échos de tendres chants d'amour,
    Vient saluer l'aube nouvelle
      Et m'annoncer son retour!
    GÉRARD, *appelant sous le balcon.*
Catarina!...
      CATARINA.
    C'est lui!
    GÉRARD, *chantant en dehors.*
Le jour est radieux,
Et cette vive flamme
Qui brille dans les cieux
Embrase aussi mon âme.

Au ciel d'azur
Le soleil pur
A, d'un rayon fidèle,
    Déjà doré
    L'autel sacré
Où l'amour nous appelle.
J'accours ici vers toi,
Vers toi, ma douce amie,
Pour te donner ma foi,
Pour te donner ma vie.
CATARINA, *courant au devant de Gérard, qui paraît sur la terrasse du fond.*
Gérard!... mon cher Gérard!...

SCÈNE II.

GÉRARD, CATARINA.
GÉRARD.
... Ma douce fiancée,

O toi, mon unique pensée,
Mon seul espoir, mon seul amour.
Enfin pour nous a lui cet heureux jour!
CATARINA.
Mon Gérard!... mon époux!...
GÉRARD.
... Ton époux!... De mon âme
Ce nom si doux augmente encor la flamme,
Et nos serments, nos amours et nos vœux,
Consacrés par l'autel, vont se graver aux cieux.
DUO.
ENSEMBLE.

En ce jour plein de charmes,
Désormais plus d'alarmes,
Nos yeux n'auront de larmes
Que d'amour, de bonheur.
Doux instants! douce ivresse!
Le sort tient sa promesse,
Dieu bénit la tendresse
Qu'il a mise en mon cœur.
GÉRARD.

Bientôt nous quitterons cette triste Venise
Aux obscurs attentats, aux sinistres complots,
Cité de trahison, qu'un noble cœur méprise,
Sombre et cruel tyran protégé par les flots!
CATARINA, *d'un ton de reproche.*
Gérard, c'est mon pays!
GÉRARD.
... Ton pays!... c'est la France,
La France qui t'adopte et qui t'ouvre ses bras.
CATARINA.
A Venise je dois ton amour, ta constance...
Pour tant de biens, Gérard, ah! ne la maudis pas!
CAVATINE.
GÉRARD.

Soumis aux lois de la chevalerie,
Je parcourais le monde en y cherchant l'honneur.
Le destin a guidé mes pas vers ta patrie,
Au lieu de gloire, ici, j'ai trouvé le bonheur!
Fleur de beauté, fleur d'innocence,
Croissait dans l'ombre et le silence,
Loin des regards, loin des amours,
Ce doux trésor dans le mystère...
Je l'ai connu, j'ai su lui plaire...
A moi son cœur et pour toujours!
CATARINA.
Je quitterai pour votre France
Ces lieux chéris de mon enfance,
Ces lieux témoins de nos amours!
Partout, sur la terre étrangère,
Je pourrai dire, heureuse et fière :
A moi son cœur et pour toujours!
GÉRARD.
O France, ô ma patrie,
Pour recevoir l'objet de tous mes feux,
Offre a ses yeux surpris l'éclat de ton génie,
Ta splendeur, tes trésors et tes fastes pompeux!
Dis-lui, dis-lui surtout, pour mon bonheur suprê-
Que Gérard de Coucy brille parmi tes preux, [me,
Qu'on cite avec orgueil le nom de ce qu'il aime,
Qu'il est au rang des plus fameux!

CATARINA.
Pourrai-je donc t'en aimer davantage?
GÉRARD.
Ma gloire et mon bonheur vont être ton ouvrage!!!
ENSEMBLE.
CATARINA.
Je quitterai pour votre France
Ces lieux chéris de mon enfance,
Ces lieux témoins de nos amours!
Partout, sur la terre étrangère,
Je pourrai dire, heureuse et fière :
A moi son cœur et pour toujours!
GÉRARD.
Fleur de beauté, fleur d'innocence,
Croissait dans l'ombre et le silence,
Loin des regards, loin des amours.
Ce doux trésor dans le mystère,
Je l'ai connu, j'ai su lui plaire...
A moi son cœur et pour toujours!

SCÈNE III.
LES MÊMES, ANDRÉA.
ANDRÉA, *à Gérard.*
Salut, noble Gérard, vous qui dans ma famille
Dès ce jour allez prendre rang.
A Catarina.
Dans tes yeux, mon enfant, la tendresse qui brille
M'apprend ce que ton cœur éprouve en ce moment.
GÉRARD.
A votre illustre nom quand le mien s'associe,
Quand je vous dois à jamais mon bonheur,
A vous, noble Andréa, mon bras, mon sang, ma
A ma Catarina, mon amour et mon cœur! [vie!
ENSEMBLE.
CATARINA et GÉRARD, *à Andréa.*
O vous, la sage providence
De nos heureux amours,
Nos cœurs, pleins de reconnaissance,
Vous béniront toujours.
ANDRÉA.
O Dieu! veille dans ta clémence
Sur leurs heureux amours;
Voilà, voilà la récompense
Que j'implore dans mes vieux jours.
ANDRÉA, *avec terreur, apercevant Mocénigo qui paraît au fond. A part.*
Mais qu'ai-je vu? Quel étrange mystère!
Un membre du conseil chez moi!
J'éprouve en sa présence un trouble involontaire.
Allez, Gérard; hâtez l'instant propère
Qui doit couronner votre foi.
A Catarina.
Va, ma fille, bientôt je serai près de toi!
Gérard reconduit Catarina à ses appartements et s'éloigne.

SCÈNE IV.
ANDRÉA, MOCÉNIGO.
MOCÉNIGO, *s'approchant d'Andréa.*
Sommes-nous seuls ici?...

ANDRÉA.
... Nous sommes seuls... parlez...
MOCÉNIGO.
J'apporte, au nom des Dix en secret assemblés,
Pour vous un important message.
ANDRÉA, à part, avec terreur.
Du conseil !... A ce nom se glace mon courage !
MOCÉNIGO.
Vous donnez votre nièce à Gérard de Couci ?...
Et cet hymen se célèbre...
ANDRÉA.
... Aujourd'hui !
MOCÉNIGO.
Voulez-vous du conseil servir la politique
Et seconder ses intérêts ?
Voulez-vous mettre enfin avant tous vos projets
La grandeur et le bien de notre république ?...
ANDRÉA.
Je vous écoute...
MOCÉNIGO.
... Eh bien ! Venise par ma voix
Va vous parler en ce moment suprême :
Soumis à ses puissantes lois,
Vous devez rompre à l'instant même
Cet hymen !...
ANDRÉA.
... Ah ! grand Dieu ! qu'exigez-vous de moi?
Quoi! rompre cet hymen quand j'ai donné ma foi?
Réduire au désespoir...
MOCÉNIGO.
... Mais Venise commande !
A ses décrets il faut que l'on se rende,
Et votre honneur appartient à l'État,
Ainsi que votre vie en un jour de combat !
ANDRÉA.
Eh quoi! vouloir qu'ainsi je brise
Des serments solennels consacrés par ma foi !
Non, non, mon bras, mon sang sont à Venise,
Mon honneur est à moi !
MOCÉNIGO.
Au lieu d'un étranger, d'un chevalier de France,
Pour ta nièce, on t'offre par moi
Un parti si brillant, que ton orgueil, je pense,
N'eût osé l'espérer...
ANDRÉA.
... Quand ce serait un roi...
MOCÉNIGO, froidement.
C'est un roi !
ANDRÉA.
... Dieu ! qu'entends-je ! ô trouble involontaire!
Un roi dans ma famille !... Inutiles regrets !
MOCÉNIGO.
Apprends donc l'important mystère
Dont Venise attend le succès !
De Chypre le peuple coupable
Exila de ses rois l'illustre descendant,
Et Venise, toujours au malheur secourable,
A juré de s'unir au dernier Lusignan.
ANDRÉA.
Eh bien !
MOCÉNIGO.
De ce proscrit nous relevons le trône,
Et pour que rien ne brise désormais
Un pacte d'alliance *utile à nos projets*,
Venise, de sa main, lui choisit et lui donne
Une épouse !!! Son front doit ceindre la couronne
Et c'est ta nièce, et c'est ton sang
Que la patrie élève à cet auguste rang.
ANDRÉA.
Il se pourrait ?...
MOCÉNIGO.
En ton obéissance,
Le souverain conseil place sa confiance.
ANDRÉA.
Femme de Lusignan ! Et l'épouse d'un roi !
Contre un pareil destin, ô mon Dieu, défends-moi !
MOCÉNIGO, *avec solennité, à Andréa*.
Adieu; je reviendrai, comptant sur ta prudence,
Savoir ta réponse et ton sort.
Mais songes-y, Venise, en t'offrant la puissance
Pour un refus garde aussi sa vengeance.
Dans une heure, choisis... la grandeur,... ou la mort.
Mocénigo sort.

SCÈNE V.

ANDRÉA, seul.

Que faire, ô ciel !... un trône ! la puissance !
Et pour mon nom, la gloire, la splendeur !
Mais de ces deux amants détruire l'espérance !
Vouer leur vie au deuil, à la douleur !
Ah ! du conseil la foudre vengeresse...
Suspend sur moi l'épouvante et l'horreur.
Voyant entrer la noblesse de Venise qui paraît au fond.
Déjà pour cet hymen la foule ici se presse;
Fuyons... à leurs regards dérobons ma terreur!
Il sort vivement.

SCÈNE VI.

En ce moment des seigneurs et des dames de Venise entrent par la terrasse du fond. Des pages, des écuyers les précèdent. Ils sont suivis des vassaux du patricien Andréa. Une brillante fête commence.

CHOEUR.
Noble hyménée,
Douce journée,
Pour deux cœurs que l'amour unit.
Quand c'est Dieu même,
Dieu qui les aime,
Qui les rassemble et les bénit!
La couronne
Qu'amour leur donne
Brille et rayonne
Sur le front pur,
Comme l'aurore
Qui colore
Et qui dore
Un ciel d'azur.

SCÈNE VII.

GÉRARD *entre alors, précédé des chevaliers français ses amis. Des écuyers portent la bannière des Coucy. Gérard va recevoir* CATARINA. *Elle descend l'escalier du fond, suivie d'une foule de dames qui l'accompagnent. Gérard, entouré de ses chevaliers, s'asseoit près de Catarina pendant la danse et le chœur suivant.*

CHOEUR, *à Gérard.*
Preux chevalier,
Vaillant guerrier,
Que l'honneur guide;
Vierge timide,
Au front candide,
Au cœur pieux,
Vos tendres vœux
Seront heureux!
Reine puissante,
Reine des cieux,
Soyez clémente,
Veillez sur eux!

Une fête commence. Après la danse, on voit entrer un officier du palais d'Andréa.

SCÈNE VIII.

LES MÊMES, CATARINA, GÉRARD, UN OFFICIER.

L'OFFICIER, *à Gérard et à Catarina.*
L'autel est préparé pour la cérémonie.
GÉRARD, *offrant sa main à Catarina.*
Ne tardons pas. Venez, ma noble amie!
CHOEUR.
Venez serrer les nœuds les plus chers, les plus doux!
CATARINA, *à Gérard, avec inquiétude.*
En ces lieux Andréa tarde bien à paraître.
GÉRARD.
Au pied des saints autels il nous attend peut-être.
CHOEUR.
Venez, heureux amants, que Dieu va rendre époux!

Au moment où Gérard et Catarina sont prêts à sortir, ainsi que les invités, Andréa, pâle et troublé, paraît au fond et les arrête.

SCÈNE IX.

LES MÊMES, ANDRÉA.

ANDRÉA.
Arrêtez! arrêtez! Il le faut... je le veux!
Plus d'hymen!
GÉRARD, CATARINA, CHOEUR, *avec effroi.*
...Plus d'hymen! que dit-il donc, grands dieux!
GÉRARD.
Noble Andréa, quel trouble vous égare?
ANDRÉA, *à Gérard.*
Tout est rompu, Gérard, éloignez-vous!
CATARINA, *courant à Gérard.*
Que le trépas, s'il le faut, nous sépare... [époux!
Mais les hommes... jamais... Dieu l'a fait mon
GÉRARD, *à Andréa.*
Mais vous n'y songez pas! c'est un affront infâme!
ANDRÉA.
Je ne puis désormais vous la donner pour femme!

GÉRARD.
Mais vous l'avez juré!...
CATARINA.
...Mais il a vos serments!
ANDRÉA.
Mes serments... mes serments... Eh bien je les
[reprends...

ENSEMBLE.
GÉRARD.
Qu'ai-je donc fait pour cet outrage,
Et pour un affront si sanglant?
N'espère pas, malgré ton âge,
Être parjure impunément.
DAMES ET SEIGNEURS.
Pour repousser un tel outrage,
Nos cœurs, nos bras, tout le défend...
N'insultez pas à son courage,
Ou redoutez un châtiment.
CATARINA.
Qu'a-t-il donc fait pour cet outrage,
Et pour un affront si sanglant?
Mon Dieu, je n'ai plus de courage;
La mort plutôt que ce tourment!
AMIS DE GÉRARD, *à Andréa.*
Qu'a-t-il donc fait pour cet outrage,
Et pour un affront si sanglant?
N'espère pas, malgré ton âge,
Être parjure impunément.

CATARINA, *à Andréa.*
Et de quel droit, devant Dieu qui m'entend,
Voulez-vous m'empêcher de tenir mon serment?
ANDRÉA, *d'un ton solennel.*
Du droit que me légua ton père en expirant!
Si Dieu te l'enleva, moi, j'occupe sa place.
Moi seul reçus de lui son suprême pouvoir.
Seul, je sais aujourd'hui quel péril te menace...
En rompant cet hymen, j'accomplis un devoir!
GÉRARD.
Non, non... c'est une imposture!
CHOEUR.
Non, non... c'est une imposture!
GÉRARD.
Mais je saurais venger cette mortelle injure...
CATARINA, *à Andréa.*
Prenez pitié de mon malheur!
O vous que j'aime et que j'honore,
A vos genoux je vous implore!
Voyez l'excès de ma douleur!
ANDRÉA, *à part.*
Pouvoir terrible,
Sort inflexible
Et menaçant!
Affreux tourment!
Quelle souffrance!
Plus d'espérance!
Les désunir
Ou bien mourir!
ENSEMBLE.
Pouvoir terrible,
Sort inflexible
Et menaçant!

LA REINE DE CHYPRE.

Affreux tourment!
Quelle souffrance!
Les
Nous désunir
Ou bien mourir!

REPRISE.
GÉRARD.
Qu'ai-je donc fait pour cet outrage,
Et pour un affront si sanglant?
N'espère pas, malgré ton âge,
Être parjure impunément.

CATARINA.
Qu'a-t-il donc fait pour cet outrage
Et pour un affront si sanglant?
Mon Dieu, je n'ai plus de courage;
La mort plutôt que ce tourment!

ENSEMBLE.
DAMES ET SEIGNEURS.
Pour repousser un tel outrage,
Nos cœurs, nos bras, tout le défend,
N'insultez pas à son courage,
Ou redoutez le châtiment!

ENSEMBLE.
AMIS DE GÉRARD, à Andréa.
Qu'a-t-il donc fait pour cet outrage
Et pour un affront si sanglant?
N'espère pas, malgré ton âge,
Être parjure impunément.

Les amis de Gérard et les partisans d'Andréa se précipitent l'épée à la main les uns vers les autres. Les dames se jettent entre eux. Gérard s'apprête à sortir, et Catarina tombe évanouie aux pieds d'Andréa, qui se détourne pour cacher ses pleurs.

ACTE DEUXIÈME.

Le théâtre représente l'oratoire de Catarina. Au fond, une vaste fenêtre avec un balcon donnant sur le grand canal de Venise. A droite, une chambre secrète fermée par une portière. A gauche, l'appartement du sénateur Andréa. En face de cette porte, un prie-Dieu. Une lampe jette une pâle clarté dans l'oratoire. Il fait nuit, et l'on voit par la croisée du fond les eaux du canal éclairées par la lune.

SCÈNE PREMIÈRE.

Au lever du rideau, l'oratoire est solitaire, et l'on entend au loin, sur le canal, un chœur de Gondoliers.

CHŒUR DE GONDOLIERS.
Aux feux scintillants des étoiles
Gaîment confions notre sort.
Brise du soir, enfle nos voiles,
Et lentement guide-nous vers le port.
Toujours la Madone conduit
Le bon pêcheur pendant la nuit!

SCÈNE II.

CATARINA, *seule, entrant et écoutant les chants qui meurent dans le lointain.*

AIR.
Le gondolier, dans sa pauvre nacelle,
Retourne aux toits où le bonheur l'attend.
La cloche sainte à l'église l'appelle.
Il va prier, il va dormir content.
   Ah! sous vos toits hospitaliers,
   Priez pour moi, bons gondoliers;
   Pour moi, qui n'ai plus d'espérance,
   Plus de bonheur et plus d'amour.
   Rêves heureux de mon enfance,
   Vous avez fui comme un beau jour!
   Ah! sous vos toits hospitaliers,
   Priez pour moi, bons gondoliers.
Avec désespoir.
Et je perdrais mon bien suprême!
Et je perdrais celui que j'aime!
Je supporterais un tel sort!
Ah! quand je vois ma destinée
Au malheur ici condamnée,
   Que me reste-t-il?... la mort.

Elle fait quelques pas vers la croisée donnant sur le canal, puis s'arrête tout à coup.
   A ma douleur extrême,
   Seigneur, pardonnez ce blasphème.
   Mais, par pitié pour tant de maux,
Retirez-moi des jours désormais sans repos.
   Cherchons encor dans la prière
   A calmer ma douleur amère,
   Et que mon cœur quitte la terre
   Pour demander au roi des cieux,
Dans l'oubli, dans le calme, un refuge pieux.

Elle va lentement s'agenouiller sur le prie-Dieu, ouvre un livre d'heures, et s'écrie:
   Que vois-je, ô ciel! dans ce saint livre,
Un billet!.. un écrit!...de Gérard!... Dans quel but?
Au courage, à l'espoir, je renais, je me livre.
   Là, mon bonheur, ma perte ou mon salut!
   Lisant.
» Lorsque vous entendrez au loin sur la lagune
» Chanter un gondolier à l'heure de minuit,
» Pas de terreur, pas de crainte importune,
» Ouvrez votre balcon doucement et sans bruit
» Je viendrai vous ravir à l'horrible infortune
» Qui sépare deux cœurs que Dieu lui-même unit!
   Avec transport.
   Moi frémir! moi trembler!
Quand la voix de Gérard à lui va m'appeler!
   Gérard, la fille de Venise
   Est fidèle à la foi promise;
   Elle sait attendre et souffrir,
   Elle sait aimer... et mourir!
CABALETTA.
Je vais le voir, lui mon bien, lui ma vie.
De transport, de surprise, ah! mon âme est ravie.
   Mon Dieu, soyez béni.
   Vous permettez qu'ici
   Sa voix rende à mon cœur

Le calme et le bonheur.
Cette douce espérance
Apaise ma souffrance :
En ce moment heureux
S'ouvrent pour moi les cieux !
Écoutant.
N'entends-je pas, sur la vague tranquille
Glisser rapidement une barque docile ?
Est-ce l'instant qui va changer mon sort ?...
Non, non... tout est calme... tout dort !
Mon Dieu ! veillez sur lui :
Vous permettez qu'ici
Sa voix rende à mon cœur
Le calme et le bonheur.
Cette douce espérance
Apaise ma souffrance :
En ce moment heureux
S'ouvrent pour moi les cieux.

SCÈNE III.
CATARINA, ANDRÉA.

CATARINA, *jetant un cri en apercevant Andréa.*
Grand Dieu !

ANDRÉA, *avec bonté.*
Dans ta souffrance, ah ! ne m'accuse pas !
Pauvre enfant ! d'un amour béni par moi d'avance
Aurais-je pu, sans regrets, sans combats,
En un jour briser l'espérance ?
Mais Venise ordonnait, et dès qu'elle a parlé,
Tu sais, Catarina, jusqu'où va sa puissance,
Tu sais si rien jamais arrêta sa vengeance ;
Pour toi seule, hélas ! j'ai tremblé !

CATARINA.
Dieu, qui lit dans les cœurs, vous jugera...

ANDRÉA.
J'y compte,
Et devant lui je paraîtrai sans honte !
Mais tu ne connais pas encor tout ton malheur !
C'est peu de t'arracher l'époux cher à ton cœur,
On t'en destine un autre...

CATARINA.
Un autre ?...

ANDRÉA.
Et si la gloire
Peut d'un amour naissant étouffer la mémoire,
On t'offre au moins un rang, un nom digne de toi :
Demain Catarina sera femme d'un roi !

CATARINA.
Jamais !...

ANDRÉA.
Écoute-moi !...

CATARINA, *avec énergie.*
Catarina méprise
Ainsi que les rigueurs les présents de Venise ;
Par la force on a pu lui ravir un époux...
Mais sa main ne dépend du conseil, ni de vous !

ANDRÉA.
Ah ! si pour affronter le courroux de Venise,
J'avais dû n'exposer que moi !
J'aurais, sous le poignard, tenu la foi promise ;
Mais périr sans sauver ni ton amant ni toi !

CATARINA, *avec terreur.*
Gérard !... que dites-vous !... pour lui, qu'aurais-
[je à craindre ?

ANDRÉA.
Ce conseil, dont tu crois pouvoir braver les coups,
Jusque dans ton amour il saura bien l'atteindre.

CATARINA, *avec terreur.*
Gérard !...

ANDRÉA, *d'un ton solennel.*
Tu m'as compris... Que Dieu veille sur vous.
Il sort.

SCÈNE IV.
CATARINA, seule.

Serait-il vrai ?... leur rage sanguinaire
Oserait menacer une tête si chère !
Le fer... le poison... les cachots !!
Vaine terreur !! voici le terme de nos maux !
Il va venir !!... nous voguons vers la France,
Terre de liberté, d'amour et d'espérance,
Où nous pourrons braver Venise... et ses bour-
[reaux !
A ce moment, on entend une voix appeler Catarina ! Elle se retourne avec effroi, et se trouve auprès de Mocénigo qui sort de la chambre secrète.

SCÈNE V.
CATARINA, MOCÉNIGO.

MOCÉNIGO.
Au nom de la patrie,
Écoute du conseil les ordres souverains.
Si de Gérard tu veux sauver la vie,
Il faut lui dire ici que ton âme l'oublie,
Que tu veux maintenant de plus brillants destins,
Que tu ne l'aimes plus !

CATARINA.
... Non, non... c'est un blasphème !

MOCÉNIGO.
On sur le sort de ton amant, toi-même,
Déjà l'on te l'a dit... bientôt tu gémiras.

CATARINA.
Et qui le frapperait ?...

MOCÉNIGO, *soulevant la portière de la chambre secrète, et lui montrant des spadassins cachés, le poignard à la main.*
... Leurs bras !
Il rentre dans la chambre dont la draperie retombe sur lui. Au même instant on entend

GÉRARD, *chantant sous le balcon.*
La mer est belle !

CATARINA, *avec horreur.*
O dieux !...

GÉRARD.
Près de toi j'accours.

CATARINA.
Comment le prévenir !...

GÉRARD.
Vogue ma nacelle
Vers mes douces amours !

Catarina, s'appuyant, prête à tomber, en voyant Gérard monter au balcon.

SCÈNE VI.
GÉRARD, CATARINA.
DUO.

GÉRARD, *à Catarina.*
Ah ! je me sens mourir !
Arbitre de ma vie,
C'est toi
Que je revoi,
O ma douce amie !
Oui, je viens t'arracher à ton sort si cruel.
Dieu me rend, près de toi, les délices du ciel !

CATARINA, *avec amour.*
Gérard !!

GÉRARD.
...Ah ! dans leur rage infâme,
A mon amour ils croyaient te ravir,
Lorsque c'est Dieu, d'un rayon de sa flamme,
Qui lui-même a voulu nous unir.

CATARINA, *à part.*
Gérard ! ô ciel !... que dire ?...

GÉRARD.
Mais, près de moi, ton cœur soupire ?

CATARINA, *à part.*
Le bonheur est ici... la mort à quelques pas !

GÉRARD.
Grand Dieu ! ne partages-tu pas
Et mon bonheur et mon ivresse ?

CATARINA.
Pardonne-moi le trouble qui m'oppresse !

GÉRARD.
Et pourtant je suis près de toi !

CATARINA, *à part.*
Mon Dieu ! mon Dieu ! protégez-moi...

ENSEMBLE.
Hélas ! il faut que je l'oublie,
Quand il vient me jurer un amour éternel.
Comment lui dire ici que sa flamme est trahie ?
Plutôt la mort que cet arrêt cruel !

GÉRARD, *reprise du premier motif.*
Arbitre de ma vie,
C'est toi
Que je revoi,
O ma douce amie !
Oui, je veux te jurer un amour éternel.
Dieu me rend près de toi les délices du ciel !

GÉRARD, *indiquant la croisée.*
Quand ma barque rapide
Atteindra l'autre bord,
Un ami sûr, un guide
Va nous mener au port.
Viens, la nuit sombre
Couvre nos pas,
L'amour dans l'ombre
Ne tremble pas.
Viens, tout sommeille ;
Mais dans la nuit
L'amitié veille,
Dieu nous conduit !

CATARINA, *s'échappant des bras de Gérard, qui veut l'entraîner vers le balcon.*
Non, non, Gérard, c'est impossible !
Il faut partir... fuyez, oubliez-moi.

GÉRARD.
Ah ! grand Dieu ! que dis-tu ? Mais tes serments,
           ils sont

CATARINA, *à part.*
Il croit que je l'oublie.
Quand je me sacrifie.

GÉRARD.
Ne m'aimerais-tu plus ? Cet aveu, c'est mon sort...
Mon avenir... ou ma vie... ou ma mort !

CATARINA.
Pitié ! pitié !...

GÉRARD.
...Parle !

CATARINA.
...O douleur extrême !
Elle aperçoit le rideau de la chambre secrète s'entr'ouvrir, et voit briller le poignard des spadassins.
Eh bien ! ce n'est plus toi que j'aime,
Non, non... ce n'est plus toi.

GÉRARD.
...Quoi ! de sa bouche même
Un tel aveu ! Dieu !... je frémis d'horreur !
Et de surprise et de terreur !

CATARINA, *à part.*
Tout me trahit et m'abandonne,
Au malheur j'ai voué mon sort ;
D'horreur, d'effroi mon cœur frissonne,
Autour de moi, partout la mort !
J'ai prononcé l'affreux blasphème,
Et malgré ces mots odieux,
C'est toujours lui, c'est lui que j'aime,
A lui seul mon cœur et mes vœux !

GÉRARD.
Ah ! viens, suis-moi, je t'en conjure ;
Tu ne peux pas être parjure.

CATARINA, *à part.*
Mon Dieu ! prenez pitié de moi !
Partez, Gérard, partez sans moi !

GÉRARD, *la voyant fuir avec terreur.*
Eh bien ! il est donc vrai ! J'ai de ta perfidie
Pénétré le secret affreux !

CATARINA, *avec surprise.*
Que dit-il ?...

GÉRARD.
...Un rival au bonheur de ma vie
Vient opposer un titre, un rang, un nom pompeux.

CATARINA.
O ciel !...

GÉRARD.
...C'est le bruit de Venise !
Un prince... un roi t'offre sa main ;
Et l'odieux espoir de cet illustre hymen,
Ton orgueilleux désir en secret l'autorise.

CATARINA.
C'en est trop !...

GÉRARD.
...Si ces bruits sont menteurs,
Dis un mot, et je crois...

CATARINA, *voyant Mocénigo, qui lui fait un signe de menace et disparaît.*
...Tout est vrai...

A part,
...Je me meurs!

GÉRARD, *avec un désespoir contenu.*
Je vous pardonne, à vous, à vous que ma faiblesse
Chérit peut-être encor d'une intime tendresse;
Mais celui qui m'arrache à l'espoir, au bonheur,
Jusqu'au pied de l'autel je trouverai son cœur!

ENSEMBLE.
CATARINA.
O douleur mortelle!
O peine cruelle!
Ma bouche fidèle
Peut tromper ainsi!
Quel horrible outrage,
Quel affreux langage!
Mais sans mon courage,
Il périt ici.

GÉRARD.
O douleur mortelle!
Grand Dieu! quoi! c'est elle
Qui me parle ainsi!
Odieux langage!
Trop cruel outrage!

D'horreur et de rage
Mon cœur est saisi.

CATARINA, *courant à Gérard qui s'éloigne.*
Gérard, encore un mot, de grâce!

GÉRARD.
Pour un rival je comprends vos regrets!

CATARINA.
Ah! vous ne savez pas...mais peut-être à ma place.

GÉRARD, *avec désespoir.*
Je n'aurais pas trahi!...

CATARINA.
...Vous partez...

GÉRARD, *la repoussant et fuyant par le balcon.*
Pour jamais...

Catarina tombe évanouie près du balcon, le rideau de la chambre secrète se relève, les spadassins paraissent à la porte, précédés de Mocénigo.

MOCÉNIGO, *à Catarina.*
Pour sécher tant de pleurs, un royaume t'attend.
Catarina Cornar...

La montrant aux spadassins.
...A Chypre, maintenant!

ACTE TROISIÈME.

La scène se passe à Nicosie, capitale du royaume de Chypre. — Le théâtre représente le jardin d'un casino à Nicosie. Une vaste treille étend partout ses rameaux, et forme une verte tonnelle sous laquelle des groupes de buveurs sont assis. A droite, un escalier conduisant à l'extérieur du casino; partout des massifs d'arbres et d'épais bosquets. Il fait nuit. La lune éclaire le fond de ce tableau, tandis que la partie la plus avancée de ce jardin est brillamment illuminée par des candélabres placés sur les tables et des girandoles suspendues aux branches.

SCÈNE PREMIÈRE.

Au lever du rideau, des seigneurs cypriotes sont assis et boivent sous la tonnelle, tandis qu'un autre groupe de Vénitiens boit de son côté en tournant le dos aux Cypriotes.

CHŒUR DES CYPRIOTES.
Buvons à Chypre, à ma belle patrie,
A Lusignan, noble fils de nos rois!
Buvons ce vin dont les dieux d'autrefois
Avaient toujours une coupe remplie
Et qu'ils vidaient pour fêter leurs exploits!

LES VÉNITIENS, *à part, élevant leurs verres.*
A Venise la belle
Trinquons!
A sa gloire immortelle
Buvons!
L'ennemi qui la brave
A tort.
Il faut qu'il soit esclave
Ou mort.

LES CYPRIOTES, *aux Vénitiens.*
Venise ici parle bien haut!...

LES VÉNITIENS.
Venise
De sa terrible voix domine l'univers!

LES CYPRIOTES, *avec ironie.*
Cette terrible voix comme un vain flot se brise
Devant ses ennemis!

LES VÉNITIENS, *avec fierté.*
Oui, quand ils ont ses fers!

Ils tirent leurs poignards et se menacent. Mocénigo paraît.

SCÈNE II.
LES MÊMES, MOCÉNIGO.

MOCÉNIGO, *se plaçant entre eux.*
Y pensez-vous, seigneurs? la menace et l'outrage!
Lorsque Venise ici vous offre de sa main
La reine qui bientôt va toucher ce rivage
Et consacrer la paix par un auguste hymen!
Quel lieu choisissez-vous, d'ailleurs, pour vos querelles?
Ce brillant Casino, l'asile du plaisir,
Dont les riants jardins, dont les vertes tonnelles,
Du bruit des chants joyeux doivent seuls retentir!

LES VÉNITIENS ET LES CYPRIOTES.
Il a raison, plus de colère!
Mais on est libre dans ces lieux
D'exprimer en vidant son verre
Et ses sentiments et ses vœux!

Ils se tournent le dos, et reprennent ensemble le double chœur suivant.

ENSEMBLE.
LES CYPRIOTES.
Buvons à Chypre, à ma belle patrie,
A Lusignan, noble fils de nos rois!
Buvons ce vin dont les dieux d'autrefois
Avaient toujours une coupe remplie,
Et qu'ils vidaient pour fêter leurs exploits!

LES VÉNITIENS.
A Venise la belle

Trinquons !
A sa gloire immortelle
Buvons !
L'ennemi qui la brave
A tort.
Il faut qu'il soit esclave
Ou mort.

MOCÉNIGO.
Non, plus de querelle importune !...
Qui de vous, avec moi, veut tenter la fortune ?...
Au jeu !... de l'or...

VÉNITIENS ET CYPRIOTES, *s'apprêtant à jouer.*
Allons, au jeu tentons le sort !

SCÈNE III.

LES MÊMES, STROZZI, *s'approchant mystérieusement de Mocénigo, tandis qu'on fait les préparatifs du jeu.*

STROZZI.
Au noble ambassadeur de notre république,
Deux mots !

MOCÉNIGO.
Parle !...

STROZZI.
Gérard est ici...

MOCÉNIGO, *vivement.*
Que dis-tu ?
A Chypre ! En es-tu sûr ?...

STROZZI.
De mes yeux je l'ai vu.
Montrant un cavalier enveloppé dans un manteau, qui descend lentement l'escalier du fond.
Et tenez, le voilà, rêvant sous le portique.

MOCÉNIGO, *à part, avec agitation.*
D'un amour partagé si l'imprudent venait
Par ses transports jaloux révéler le secret,
Jusqu'au pied de l'autel qui déjà se décore,
Lusignan, détrompé, pourrait tout rompre encore,
Et cet hymen, il faut qu'il s'achève aujourd'hui...
A Strozzi.
Vos poignards ?...

STROZZI, *indiquant un groupe de spadassins qui se tient à gauche.*
...Sont tout prêts !...

MOCÉNIGO.
Eh bien, malheur à lui !
Strozzi fait signe à ses spadassins, et s'élance sur les traces de Gérard, qui a traversé le fond du jardin.

SCÈNE IV.

LES MÊMES, *excepté* STROZZI.
On apporte des tables, des cornets, des dés, et tous se mettent à jouer sur le cœur suivant.

CHOEUR.
Au jeu, mes amis !
Que sur ce tapis
L'or brille et s'écoule
Comme un flot qui roule !
Vive le destin !
Ce maître incertain,
Aujourd'hui s'il blesse,
Il guérit demain.
Traitons la richesse
Comme une maîtresse
Qui toujours trahit
Et que l'on chérit !

MOCÉNIGO, *un cornet à la main.*
Tout n'est, dans ce bas monde,
Qu'un jeu !
Le vrai sage te fronde
Un peu !
Mais le fou s'en amuse
Bien fort,
Et jamais il n'accuse
Le sort.
Il sait qu'un tour de rêne
Souvent,
Fait de tout ce qu'il joue
Du vent ;
Qu'amour, bonheur, tout passe
Si bien,
Qu'il ne reste plus trace
De rien !

CHOEUR.
Au jeu, mes amis, etc., etc.

MOCÉNIGO.
2ᵉ *Couplet.*
Le travail et la peine,
Abus !
Vit-on une semaine
De plus ?
Ce Crésus qu'on remarque
Tient-il
Plus que nous de la Parque
Le fil ?
Puisqu'il faut que l'on meure,
Comment
N'attendre pas son heure
Gaîment ?
De plaisir, doux mensonge,
Vivons,
Si la vie est un songe,
Rêvons !

CHOEUR.
Au jeu, mes amis !
Que sur ce tapis
L'or brille et s'écoule
Comme un flot qui roule.
Vive le destin !
Ce maître incertain,
Aujourd'hui s'il blesse,
Il guérit demain.
Traitons la richesse
Comme une maîtresse
Qui toujours trahit
Et que l'on chérit.

UN VÉNITIEN.
A vous la chance !

UN CYPRIOTE.
...A moi !

UN AUTRE.
...J'ai gagné...

UN AUTRE.
...j'ai perdu!
UN SEIGNEUR, à *Mocénigo*.
Cent sequins! Tenez-vous?
MOCÉNIGO.
...Les voici... c'est tenu!
UN VÉNITIEN.
O fortune ennemie!
UN CYPRIOTE.
O bonheur! ô destin!
UN AUTRE.
Désespoir! infamie!
De moi c'est la fin!
REPRISE DU CHOEUR.
Vive le destin!
Ce maître incertain,
Aujourd'hui s'il blesse,
Il guérit demain.
Pour lui la richesse
Est une maîtresse
Qui toujours trahit,
Mais que l'on chérit.

SCÈNE V.

Une troupe de courtisanes paraît alors et vient se mêler aux joueurs. Les unes dansent, les autres chantent le chœur suivant en s'accompagnant de la cythare.

CHOEUR DE FEMMES.
Jeunes beautés, venez unir
Ces fiers guerriers par le plaisir.
Naissez, désirs, suivez nos pas.
Que les soupirs n'attristent pas
Les tendres cœurs qu'amour unit!...
Devant les pleurs l'amour s'enfuit.
C'est ici l'île consacrée
Où les hommages des mortels
De la déesse Cythérée
Venaient entourer les autels.
Que par nos soins sur cette heureuse rive
Des temps passés renaissent les beaux jours.
Ah! revenez, déesse fugitive...
Sur vos autels l'encens brûle toujours.
Naissez, plaisirs, suivez nos pas.
Que les soupirs n'attristent pas
Les tendres cœurs qu'amour unit!
Devant les pleurs l'amour s'enfuit.

CHOEUR DE SEIGNEURS.
Entendez-vous
La joyeuse fanfare?
Les doux accords de la cythare,
Au gai festin qui se prépare,
Mes amis nous appellent tous!

CHOEUR GÉNÉRAL.
A table! à table!
Convive aimable,
Vin délectable,
Coule à plein bord.
Vive folie,
Femme jolie,
Et l'on oublie
Le mauvais sort.

Les seigneurs, entraînés par les courtisanes, s'éloignent pour se rendre au festin du casino. Strozzi reste seul, sur un signe que lui fait en sortant Mocénigo.

SCÈNE VI.

Strozzi paraît écouter au fond avec inquiétude. Un cliquetis d'épées se fait entendre dans la partie la plus obscure du jardin.

GÉRARD, *à la cantonade*.
Infâmes assassins! au secours! au secours!
CHOEUR d'assassins au dehors.
Frappons!
GÉRARD.
...Par Notre-Dame! on en veut à mes jours.

On voit plusieurs hommes fuir, le poignard à la main. Strozzi indique que le coup est manqué, et se sauve du même côté que ses complices.

SCÈNE VII.

GÉRARD, *son épée nue à la main*. LUSIGNAN, *en costume de chevalier. Il est masqué et se découvre en arrivant.*

GÉRARD, *à Lusignan*.
O vous dont le puissant secours
Contre dix assassins a défendu mes jours,
Laissez-moi vous parler de ma reconnaissance.
LUSIGNAN.
Ah! comme moi, chacun ici, je pense,
Vous eût prêté son bras!... mais plus heureux que
D'infâmes assassins j'ai détourné les coups. (tous,

DUO.
GÉRARD.
Vous qui de la chevalerie
Suivez si dignement les lois,
Vous qui sans hésiter exposez votre vie,
Pour soutenir le faible et défendre ses droits.
Votre nom?
LUSIGNAN.
Pour prix de mon service,
Permettez-moi de le taire aujourd'hui.
GÉRARD.
Dois-je donc ignorer par qui ce noble office
M'est rendu?...
LUSIGNAN.
Par la main d'un ami.
GÉRARD.
Votre patrie au moins?
LUSIGNAN.
Ma patrie est la France!
GÉRARD, *avec transport*.
C'est la mienne!... O bonheur! après tant de souf-
De mon pays je trouve un frère ici! (france,
LUSIGNAN.
Un Français près de moi!... Mon cœur a tressailli
De joie et d'espérance!
GÉRARD, *à Lusignan*.
Dans mes bras!
LUSIGNAN.
Dans les miens!
GÉRARD, *avec expression*.
Que le ciel soit béni,
Quand il daigne en ces lieux m'envoyer un ami!
ENSEMBLE.
Salut à cette belle France
Où tous les deux nous avons vu le jour!
Salut noble pays d'honneur et de vaillance!

Terre chérie et de gloire et d'amour!
GÉRARD.
Vous êtes chevalier.
LUSIGNAN.
Je le suis.
GÉRARD.
O mon frère!
Frères deux fois : la patrie et l'honneur
Nous ont unis sous la même bannière.
Je l'aurais deviné rien qu'à votre valeur!
LUSIGNAN.
Le ciel, en nous donnant une commune mère,
Nous donna, je le vois, aussi le même cœur.
GÉRARD ET LUSIGNAN.
Salut, salut à cette belle France
Où tous les deux nous avons vu le jour!
Salut, noble pays d'honneur et de vaillance!
Terre chérie et de gloire et d'amour!
CANTABILE.
LUSIGNAN.
Triste exilé sur la terre étrangère,
Ah! que de fois j'ai soupiré
Après toi, ma France si chère,
Séjour de mon enfance, ô pays adoré!
A Gérard.
Que ma voix par la vôtre un jour se fasse entendre!
Dites-lui qu'en ces lieux dont je ne puis sortir,
Il est un bras tout prêt à la défendre,
Il est un cœur ardent pour la chérir!
GÉRARD, *avec douleur.*
Vain espoir! Dans cette île aussi je dois mourir.
LUSIGNAN, *surpris.*
Mourir!
GÉRARD.
Ah! comme vous, sur la terre étrangère,
Reprise du Cantabile.
Triste exilé, combien j'ai soupiré
Après toi, ma France si chère,
Séjour de mon enfance, ô pays adoré!
A la gloire, au bonheur quand je pouvais prétendre,
Pour la France, ô mon Dieu, que n'ai-je pu mou-
J'avais un bras vaillant pour la défendre, [rir!
J'avais un cœur ardent pour la chérir!
ENSEMBLE.
GÉRARD.
J'avais un bras vaillant pour la défendre!
Un cœur, un cœur ardent pour la chérir!
LUSIGNAN.
Oui, votre bras a bien dû la défendre,
Et votre cœur toujours doit la chérir!
LUSIGNAN.
Vous êtes malheureux? Parlez...
GÉRARD.
Je dois me taire.
Dieu seul de mes douleurs est le dépositaire...
Il faut, pour les calmer, me venger et punir!...
LUSIGNAN.
Ah! si jamais mon rang ou mon épée
Peuvent servir vos projets, croyez-moi,
Votre espérance ici ne sera point trompée;
Venez les réclamer dans le palais du roi...

GÉRARD, *à part.*
Chez le roi, ce rival de qui la jalousie
A de vils assassins vient de livrer ma vie?...
On entend des fanfares et des salves d'artillerie.
LUSIGNAN.
Écoutez, écoutez au loin ce bruit joyeux!
Ces accents de bonheur qui s'élancent aux cieux!
GÉRARD.
Quel est donc ce signal?
LUSIGNAN, *avec transport.*
Ce signal... il appelle
Tout un peuple à l'espoir du plus fortuné sort.
Il annonce une reine à ce peuple fidèle.
GÉRARD, *à part.*
Il annonce pour moi la vengeance et la mort.
*ENSEMBLE, avec accompagnement de cloches,
de fanfares et de salves de canon, au loin.*
ENSEMBLE.
LUSIGNAN, *à part.*
L'airain qui résonne
Fait battre mon cœur;
Le canon qui tonne
M'appelle au bonheur!
Viens, ô noble reine,
Vers l'amour constant.
Ici Dieu t'amène!
Ton peuple t'attend!
GÉRARD, *à part.*
L'airain qui résonne
Fait battre mon cœur;
Le canon qui tonne
Double ma fureur!
Viens, perfide reine,
Trahir ton serment.
Ici Dieu t'amène
Vers le châtiment!
LUSIGNAN, *à Gérard.*
Mon frère d'armes, adieu, car le devoir m'ordonne
De te quitter... Mais songe bien ici,
Quand nous nous reverrons, qu'à jamais je te donne
La foi d'un chevalier et la main d'un ami.
Lusignan et Gérard se serrent la main.
GÉRARD ET LUSIGNAN.
Oui, je le jure, à jamais je te donne
La foi d'un chevalier et la main d'un ami?
REPRISE DE L'ENSEMBLE.
LUSIGNAN, *à part.*
L'airain qui résonne
Fait battre mon cœur;
Le canon qui tonne
M'appelle au bonheur!
Viens, ô noble reine,
Vers l'amour constant.
Ici Dieu t'amène!
Ton peuple t'attend!
GÉRARD, *à part.*
L'airain qui résonne
Fait battre mon cœur;
Le canon qui tonne
Double ma fureur!

Viens, perfide reine,
Trahir ton serment.
Ici Dieu t'amène
Vers le châtiment.

Gérard et Lusignan se serrent de nouveau la main, et sortent de côtés opposés, au milieu des cris de fête que l'on entend au loin, ainsi que le son des cloches et le bruit du canon qui redoublent avec le lever du jour.

ACTE QUATRIÈME.

Le théâtre représente la grande place de Nicosie; au fond, le port. A droite, le palais du roi, auquel on monte par un vaste perron. A gauche, une longue colonnade conduisant à la cathédrale. Au fond, la mer et les forts de la rade.

SCÈNE PREMIÈRE.

CHOEUR DE PEUPLE, *se précipitant en foule sur la place.*

Ah! le beau jour! la belle fête!
Quels doux instants pour le plaisir!
Au noble hymen que l'on apprête
Nos cœurs ici veulent s'unir.
Vive la paix, et plus de guerres!
Chantons, dansons!... Les jours heureux
Le peuple ne les connaît guères :
Profitons-en de notre mieux.

Des jeux et des danses nationales commencent alors entre des gens du peuple et des marins du port; un pas dansé par deux jeunes Cypryotes leur succède; après la danse, un héraut d'armes paraît précédant un cortége religieux.

SCÈNE II.
LES MÊMES, LE HÉRAUT D'ARMES.
LE HÉRAUT D'ARMES.

Peuple de Chypre, à l'instant on signale
La flotte de Venise, au lion immortel.
Déjà l'on voit briller la bannière royale,
Comme un ange de paix envoyé par le ciel!
Aux vœux de votre évêque unissez vos prières :
Implorez en ce jour l'arbitre des destins.
Pour la reine priez, mes frères!
A genoux! à genoux! les flots sont incertains.

Après l'annonce du héraut d'armes, on voit paraître tout le clergé de la cathédrale précédant l'archevêque de Chypre.

SCÈNE III.
LES MÊMES, LE CLERGÉ, L'ARCHEVÊQUE DE CHYPRE.

CHOEUR DE PEUPLE ET DE PRÊTRES.

Divine Providence,
Dont la terre et les cieux
Adorent la puissance,
Écoute ici nos vœux ;
Fais que la mer soumise
Conduise en ce séjour
La reine que Venise
Accorde à notre amour.

Après la prière, on entend au loin sur la mer le chœur suivant.

CHOEUR DE MATELOTS, *au loin.*

Terre! terre! Vers le rivage
Voguons soudain,
Car du voyage
Voici la fin.
Virons de bord,
Entrons au port!

CHOEUR DE PEUPLE.

Divine Providence,
Dont la terre et les cieux
Adorent la puissance,
Exauce tous nos vœux ;
Fais que la mer soumise
Amène en ce séjour
La reine que Venise
Accorde à notre amour.

En ce moment et pendant le chœur précédent, on voit passer au loin le vaisseau qui porte la reine. Les canons du navire saluent le port; ceux des forts leur répondent. Les cloches sonnent à toute volée. De bruyantes fanfares se font entendre, et le roi descend les degrés de son palais.

SCÈNE IV.

LE ROI DE CHYPRE, *précédé de pages, d'écuyers, de hérauts d'armes et suivi de sa cour, sort de son palais. Il s'arrête un instant pour attendre l'arrivée de la reine, qui entre dans le port sur une magnifique trirème aux armes de Venise.*

SCÈNE V.

LA REINE DE CHYPRE, *conduite par une députation du sénat de Venise, et par le sénateur* ANDRÉA, *son oncle, descend de la trirème royale. Elle est reçue par le roi de Chypre, qui met un genou en terre devant elle et lui baise la main.*

Les vivats du peuple éclatent de toutes parts. Tous les corps de l'État vont au devant de la reine lui offrir leurs hommages. De jeunes vierges lui présentent des fleurs. Un magnifique tapis se déroule devant la reine sur le chemin qu'elle doit suivre pour se rendre à la cathédrale. Le roi, la prenant par la main, la présente au peuple qui s'incline devant elle.

LUSIGNAN, *au peuple.*

Peuple de Chypre, en ce jour solennel,
Quand Venise vous offre une noble alliance,
Ouvrez vos cœurs à l'espérance,
Et d'un doux avenir rendez grâces au ciel.
Que d'une noble souveraine
Tous les heureux sujets forment l'heureuse cour,
Et que sa couronne de reine
Soit offerte par votre amour!

Ici commence le défilé du grand cortége royal. Des fanfares de trompettes partent des terrasses du palais et donnent le signal de la marche triomphale. La musique militaire cypriote leur répond d'une autre partie de la place. Le roi, précédé de ses pages, de ses hérauts d'armes, de ses grands officiers, se dirige vers la cathédrale en donnant la main à la reine. Le clergé défile ensuite entourant l'archevêque de Chypre. Les bannières de Chypre et de Venise sont portées côte à côte. Tous les corps de l'État de l'île de Chypre, la députation du sénat de Venise, les chefs de l'armée de terre et de mer, du roi de Chypre, toute sa cour, suivent les souverains. Des danseurs et des danseuses animent le cortége en l'entourant et en jetant des fleurs sur ses pas... L'armée du roi de Chypre, sa garde d'honneur, bannières déployées, ferment la marche du pompeux cortége; le peuple le suit en foule.

SCÈNE VI.

GÉRARD, seul.

La voici donc enfin l'heure de la vengeance;
La foule, en s'éloignant, me permet d'accourir
Vers ce temple où du ciel la divine puissance
Punit le crime au lieu de le flétrir.
Oui, je le défierai, puis, devant la parjure,
D'un vil assassinat je frapperai l'auteur,
Et d'un lâche refus s'il me garde l'injure,
Jusqu'au sein de sa cour, malheur à lui, malheur!
Le frapper sans défense, ô ciel! pensée amère...
Meurtrier! meurtrier! mon cœur en a frémi...
Mais s'il repousse enfin un généreux défi,
Lui qui m'enlève tout... il est roi; sa colère...
Peut livrer au supplice un indigne ennemi.
Puis il vivrait heureux!... aimé... Non, non, qu'il
[meure!
Et qu'on le venge après... J'attends ma dernière
[heure.
Qui frappe avec le fer, par le fer périra.
Dieu lui-même l'a dit!... Et Dieu nous vengera...

AIR.

De mes aïeux ombres sacrées,
Du fond de vos tombeaux n'arrêtez point mon bras,
Et que vos cendres vénérées
D'horreur à mon aspect ne se soulèvent pas.

ROMANCE.

1er Couplet.

Et toi, seul espoir de ma vie,
Toi qui m'aimas pour me trahir,
A l'autel ta voix qui supplie,
Demande à Dieu de te bénir.
Mais je suis là... ma plainte amère
Doit se mêler à tes serments;
Entre le ciel et ta prière
Vont s'élever tous mes tourments.

2me Couplet.

Sur ton front, quand la voix du prêtre
Appellera la paix des cieux,
Le remords répondra peut-être
Et troublera ton cœur joyeux!
Car je suis là... ma plainte amère
Doit se mêler à tes serments;
Entre le ciel et ta prière
Vont s'élever tous mes tourments.
Il en est temps...

CHŒUR, *dans l'église.*

...Hosanna! Gloire au ciel!

GÉRARD, *s'arrêtant prêt à franchir le seuil de l'église.*

Qu'ai-je entendu?... Ces chants montant vers l'É-
[ternel
Glacent mon cœur... Seigneur, donne à mon âme
Un rayon tout-puissant de ta céleste flamme;
Viens me rendre la foi, viens calmer tous mes
[sens.
Que le cœur du chrétien s'ouvre à leurs saints
[accents.

CHŒUR.

Vive Lusignan! Catherine!

GÉRARD.

Ma tête s'égare,
Vengeance et fureur!
Le crime s'empare
De mon seul bonheur!
Sur le bord de l'abîme, ô Dieu! daignez m'entendre!
A mes pleurs, à mes cris, ne fermez pas le ciel!
Et que le sang qu'ici je vais répandre
Ne soit pas au pardon un obstacle éternel...
Vengeance! justice!
Ici s'accomplira
Le dernier sacrifice!
Et de ma main il périra.
Sur le bord de l'abîme, ô Dieu! daignez m'entendre!
A mes pleurs, à mes cris, ne fermez pas le ciel!
Et que le sang qu'ici je vais répandre
Ne soit point au pardon un obstacle éternel.

Gérard va se précipiter dans l'église; mais il s'abrite derrière un pilier, repoussé par la tête du cortége qui ressort de la cathédrale.

SCÈNE VII.

La place se couvre de peuple. Une haie de gardes se forme de l'église aux portes du palais. Lusignan, donnant la main à Catarina, paraît environné de toute sa cour... A ce moment, Gérard repousse les gardes, et, l'épée à la main, se précipite vers le roi pour l'en frapper... A cette vue, la reine se jette entre lui et Lusignan.

GÉRARD, *reconnaissant le roi, et laissant tomber son épée.*

Qu'ai-je vu?... Malheureux! C'est lui! c'est mon
[sauveur!

CHŒUR, *se précipitant sur Gérard que les gardes entourent.*

Un meurtrier!

CATARINA, *à part.*

...Gérard!

LUSIGNAN.

...O surprise inouïe!...
Le Français dont mon bras vient de sauver la vie!...

CHŒUR.

O comble de l'audace! ô comble de l'horreur!

LUSIGNAN, *à Gérard.*

Eh quoi! c'est vous, vous dont la main perfide

Guida contre mon cœur un poignard homicide,
Moi qui vous ai sauvé !...
CHOEUR.
Misérable ! parlez !...
LUSIGNAN.
Espliquez-vous !...
GÉRARD.
...Je ne le puis...
CHOEUR, à Gérard.
Tremblez !
GÉRARD, à Lusignan. (lire,
Dieu connaît mon secret ! Dans mon cœur il peut
Mais vous... ô vous !... jamais !
ANDRÉA.
... Il se tait !... Je respire !
CHOEUR.
La mort, la mort !
Tel est son sort !
ENSEMBLE.
CATARINA.
O jour d'effroi ! quand tout l'accable,
Comment calmer en ce moment
Ce peuple inexorable
Qui veut verser son sang ?
MOCÉNIGO.
D'un sacrilége abominable
Le peuple veut le châtiment,
Et d'un parricide exécrable
Le peuple demande le sang !
ANDRÉA.
D'un sacrilége abominable
Le peuple veut le châtiment,
Et d'un parricide exécrable
Le peuple demande le sang !
GÉRARD.
Venez punir un misérable !
Venez frapper, mon cœur attend
Votre sentence inexorable,
J'ai mérité mon châtiment.
LUSIGNAN.
Dans ce forfait épouvantable,
Oui, tout m'étonne et me surprend !
En vain, je veux à ce coupable
Faire grâce du châtiment.
CHOEUR.
D'un sacrilége abominable
Le peuple veut le châtiment,
Et d'un parricide exécrable
Le peuple demande le sang !
GÉRARD, au peuple.
Qui vous retient ?... J'attends mon sort !
CHOEUR.
La mort ! la mort ! la mort !
CATARINA.
Grâce ! pitié !

ANDRÉA, bas à Catarina.
... La reine
Ne peut prier pour lui.
MOCÉNIGO, bas à Catarina.
... Vous aggravez son sort.
Pas un mot de plus...
CATARINA.
... Je me soutiens à peine.
CHOEUR.
La mort ! la mort ! la mort !
CATARINA.
Il va périr... Je meurs...
LUSIGNAN.
... Peuple, de la justice
En ce jour écoutez la voix !
Aux gardes.
Qu'on emmène cet homme, et s'il faut qu'il périsse,
La loi, pour le punir, a son glaive et ses droits.
REPRISE DE L'ENSEMBLE.
CATARINA.
O jour d'effroi ! quand tout l'accable,
Comment calmer en ce moment
Ce peuple inexorable
Qui veut verser son sang ?
GÉRARD.
Venez punir un misérable,
Venez frapper... Mon cœur attend
Votre sentence inexorable,
J'ai mérité mon châtiment.
MOCÉNIGO.
D'un sacrilége abominable
Le peuple veut le châtiment,
Et d'un parricide exécrable
Le peuple demande le sang !
ANDRÉA.
D'un sacrilége abominable
Le peuple veut le châtiment,
Et d'un parricide exécrable
Le peuple demande le sang !
LUSIGNAN.
Dans ce forfait épouvantable,
Oui, tout m'étonne et me surprend !
En vain je veux à ce coupable
Faire grâce du châtiment.
CHOEUR.
D'un sacrilége abominable
Le peuple veut le châtiment,
Et d'un parricide exécrable
Le peuple demande le sang !

Le peuple, contenu par les gardes, essaye en vain de se précipiter sur Gérard que l'on entraîne, tandis que la reine s'appuie mourante sur Andréa qui la soutient. Le roi regarde Catarina pâle et tremblante avec surprise, et le rideau baisse sur ce tableau.

ACTE CINQUIÈME.

Le théâtre représente le cabinet du roi de Chypre. A droite, la porte extérieure. A gauche, une vaste terrasse donnant sur le port. Au fond, la chambre royale.

SCÈNE PREMIÈRE.

Au lever du rideau, Lusignan, malade, et vieilli avant l'âge, est endormi sur un lit de repos. La reine et un médecin de Venise veillent près de lui.

LE ROI endormi, LA REINE, UN MÉDECIN vénitien, debout auprès du lit du roi.

LA REINE, au Docteur.
Des docteurs de Venise, ô le plus vénéré,
Du sommeil qu'il vous doit la paisible influence
Pour un instant, du moins, a calmé sa souffrance.
Retirez-vous ; sur lui seule je veillerai !
Le Docteur sort.
Deux ans passés à peine... et la froide vieillesse
A déjà sur son front répandu la pâleur.
Sous un mal inconnu succombe sa faiblesse,
Du destin qui l'attend funeste avant-coureur !
LE ROI, rêvant.
Triste exilé sur la terre étrangère...
LA REINE.
Dans son sommeil que dit-il ? quels accents ?
LE ROI, rêvant.
Gérard ! Gérard ! plus d'espoir sur la terre.

LA REINE DE CHYPRE.

LA REINE.
Mon Dieu! mon Dieu c'est son nom que j'entends!..
CANTABILE.
Gérard, Grand Dieu! Gérard!... et c'est lui qui
　　　　　　　　　　　　　　　　　　　[l'appelle!
Ce nom qui, dans mon cœur, hélas! a retenti
J'espérais l'oublier... De ma bouche fidèle,
Depuis deux ans, il n'est jamais sorti.
Faut-il, serments d'épouse, amour sacré de mère,
A de nouveaux combats préparer ma douleur?
Est-il donc vrai, mon Dieu que jamais sur la terre
Je ne doive espérer de lasser ta rigueur?

SCÈNE II.
LE ROI, LA REINE.
LE ROI, *dormant.*
Catarina!...
CATARINA.
...Seigneur!...
LE ROI, *s'éveillant.*
...Que vois-je?... vous ici!
Sans sommeil?... A cette heure?... Et malgré ma
　　　　　　　　　　　　　　　　　　　[défense!
Avec expression.
Est-il bien, dites-moi, de me tromper ainsi?
LA REINE.
Et qui donc veillerait sur vous?
LE ROI.
...Plus d'espérance!
Vois, les progrès du mal épouvantent tes yeux!
Le terme en est prochain!
LA REINE.
...Ah! quels pensers affreux!
LE ROI.
Et pourquoi s'abuser?... Le ciel de ta constance,
Noble femme, après moi, te doit la récompense,
Et peut-être veut-il, en m'appelant à lui,
Des maux que je t'ai faits t'affranchir aujourd'hui.
Gérard... d'un inconnu quand la main tutélaire
Au glaive du bourreau, la nuit, vint le soustraire,
Il voulut dans le sein de son libérateur
Épancher, en partant, le secret de son cœur.
LA REINE.
Et ce libérateur?
LE ROI, *avec bonté.*
...Il sait tout... Ta souffrance...
Tes nœuds brisés pour lui, ta sublime constance.
...De là... ce mal affreux dont tu me vois mourir,
Que nul savoir humain n'a pu connaître encore...
Que depuis deux ans je dévore,
Et qui sans moi ne peut finir.
LA REINE, *avec douleur.*
Mon Dieu! qu'entends-je?
CAVATINE.
...A ton noble courage
Va, mon cœur rend hommage.
D'un pénible esclavage
Ma mort te délivra!
Toi, qu'un devoir austère
Enchaîne sur la terre,
Tu vivras reine et mère,
Et Dieu te bénira!
LA REINE.
Ah! si je vous suis chère,
Épargnez une mère!
Le sort, longtemps contraire,
Enfin s'apaisera!
LE ROI.
Reprise.
A ton noble courage,
Va, mon cœur rend hommage.
D'un pénible esclavage
Ma mort te délivra!
Toi qu'un devoir austère
Enchaîne sur la terre,
Tu vivras reine et mère,
Et Dieu te bénira!

SCÈNE III.
LE ROI, LA REINE. STROZZI *entrant. Il porte le costume des officiers du palais.*
STROZZI.
Un chevalier français qui veut être inconnu
Pour révéler, dit-il, un important mystère,
A Rhodes, ce matin, en secret est venu.
Le roi, souffrant encor, veut-il qu'on l'introduise?
Ou, pour vous délivrer d'un trop pénible soin,
A l'ambassadeur de Venise
Doit-on le renvoyer?...
LE ROI.
...Il n'en est pas besoin!
La reine, qui bientôt de la toute-puissance,
Pour un fils encore au berceau
Va supporter le pénible fardeau,
Voudra bien en mon nom lui donner audience!
A la reine.
C'est votre règne qui commence,
Noble femme!... et mes yeux, avant de se fermer,
Vous verront des partis confondre l'espérance!
Qui mieux que vous saurait se faire aimer?
Le roi sort par le fond, appuyé sur la reine.
STROZZI, *à part, regardant au fond.*
C'est bien lui!... c'est Gérard?... Sous cette robe
En ce palais ose-t-il bien venir?... [austère,
C'est à Mocenigo de percer ce mystère;
Courons le prévenir...
Gérard entre, Strozzi l'observe avec défiance, et sort quand il voit la reine rentrer.

SCÈNE IV.
GÉRARD, *entrant.*
Il porte l'habit des chevaliers de Rhodes.
Quand le devoir sacré qui près du roi m'appelle,
Contre de vains regrets devrait armer mon cœur,
A l'aspect de ces lieux où règne l'infidèle,
Tout renaît à la fois... souvenirs et douleur!
UN OFFICIER, *annonçant.*
La reine!

SCÈNE V.
LA REINE, GÉRARD.
GÉRARD, *à part.*
...O ciel!... surprise extrême.
Ah! comment supporter ce coup inattendu?...
LA REINE, *sans regarder Gérard.*
Le roi, trop faible encor, n'ose accueillir lui-même
Le noble chevalier qui veut être entendu!
Et je viens en son nom...
GÉRARD, *à part.*
...Quel trouble dans mon
　　　　　　　　　　　　　　　　　　　[âme
LA REINE.
Parlez... qu'attendez-vous?
GÉRARD, *avec douleur.*
...Plus rien de vous,
　　　　　　　　　　　　　　　　　　　[madame.
LA REINE, *le reconnaissant et jetant un cri.*
Gérard!...

GÉRARD.
... Le devoir seul ici guida mes pas !
Et racheter mon crime est tout ce que j'espère !...
Mais Dieu m'en est témoin, je ne vous cherchais [pas...
Montrant la croix qu'il porte sous sa robe.
Je n'appartiens plus à la terre !

DUO.
GÉRARD.
La nuit, le jour, prosterné sur la pierre,
Dans mon exil, mon Dieu, je t'ai prié
De m'accorder la fin de ma misère,
Et Dieu m'a repoussé.
LA REINE, *à part.*
... De moi prenez pitié,
Seigneur !...
GÉRARD.
... Je m'abusais... sous l'étole du prêtre,
Sous l'armure du chevalier,
Jusqu'au pied de l'autel envers Dieu je suis traître,
Mon cœur n'a pu rien oublier !
LA REINE, *à part.*
De moi prenez pitié, Seigneur !...
GÉRARD.
... La nuit, en songe,
Le pardon que j'attends suspend-il mes douleurs,
Dès que le jour paraît, tout n'est plus que men[songe,
Hors mon désespoir et mes pleurs.
LA REINE, *à part.*
De moi prenez pitié, Seigneur !...

ENSEMBLE.
GÉRARD.
Malgré la foi suprême
Dont j'éprouve l'ardeur,
Le ciel, le ciel lui-même
N'a pu guérir mon cœur.
Dieu puissant, je m'égare,
A toi seul j'ai recours ;
Hélas ! tout nous sépare
Et je l'aime toujours.
LA REINE.
Malgré la foi suprême
Dont il nourrit l'ardeur,
Le ciel, le ciel lui-même
N'a pu guérir son cœur.
Dieu puissant, je m'égare,
A toi seul j'ai recours.
Hélas ! tout nous sépare,
Mais il m'aime toujours.
LA REINE.
Ah ! c'en est trop !... malgré le serment qui me lie
Je parlerai... Le jour... où, mourante d'effroi,
Brisant d'un mot l'espoir, le bonheur de ma vie,
J'osai, moi, m'accuser d'avoir trahi ma foi,
GÉRARD.
Eh bien !...
LA REINE.
... Des meurtriers, cachés dans la nuit [sombre,
Épiaient mes regards... vous entouraient dans [l'ombre...
Un signe, un geste, un mot... vous perdait sans [retour !...
Pour vous seul, à vos yeux j'acceptai l'infamie.
Ah ! j'ai sacrifié, pour vous, plus que ma vie...
J'ai sacrifié mon amour !

REPRISE DE L'ENSEMBLE.
GÉRARD, *tombant aux pieds de la reine.*
Caterina, pardon !...
Malgré la foi suprême
Dont j'éprouve l'ardeur,
Le ciel, le ciel lui-même
N'a pu guérir mon cœur.
Dieu puissant, je m'égare,
A toi seul j'ai recours.
Hélas ! tout nous sépare,
Et je l'aime toujours.
LA REINE.
Malgré la foi suprême
Dont il nourrit l'ardeur,
Le ciel, le ciel lui-même
N'a pu guérir son cœur.
Dieu puissant, je m'égare,
A toi seul j'ai recours.
Hélas ! tout nous sépare,
Mais il m'aime toujours.
LA REINE.
Ah ! fuyez maintenant...
GÉRARD.
Non, non ; c'est à la reine
Que je dois révéler le secret qui m'amène.
Par Lusignan deux fois furent sauvés mes jours.
Les siens sont menacés. Pour m'acquitter, j'ac[cours.

SCÈNE VI.
LA REINE, GÉRARD, MOCÉNIGO.
MOCÉNIGO, *paraissant.*
Trop tard !
GÉRARD.
Grand Dieu !
LA REINE, *à Mocénigo.*
Sans ordre ici ? vous ?
GÉRARD, *à Mocénigo.*
Ton audace...
Imprudent ! comble tous mes vœux.
De te voir enfin face à face,
Ah ! je suis trop heureux !
MOCÉNIGO.
Parle !
GÉRARD.
Eh bien ! niras-tu que la fièvre brûlante
Qui malgré tant de soins consume par degré
D'un prince infortuné la jeunesse expirante,
Soit l'effet d'un poison par tes soins préparé ?...
LA REINE.
Qu'entends-je ?...
GÉRARD, *à Mocénigo.*
Niras-tu qu'une infâme vengeance
A cet affreux trépas l'ait osé condamner
Le jour où, de Venise abjurant l'influence,
Pour son peuple il voulut régner ?...
Niras-tu qu'Andréa, naguère ton complice,
Par le remords dans un cloître exilé
Pour apaiser l'éternelle justice,

M'ait en mourant tout révélé ?
Le niras-tu ? Réponds !...
   MOCÉNIGO.
    Et pourquoi m'en défendre ?
   A la reine.
Tout ce qu'il vous a dit, je venais vous l'apprendre,
Madame.
   LA REINE.
  Ah ! ce tissu d'horreurs, de cruauté,
Cet infernal complot serait...
   MOCÉNIGO.
    La vérité !
Oui, Venise a brisé cet instrument rebelle,
Ce fantôme de roi qui prétendait lutter...
Ainsi sera frappé par une main fidèle
Quiconque à son pouvoir oserait résister.
   A la reine.
Témoin du châtiment, pendant votre régence
Jurez-vous à Venise aveugle obéissance ?
Veuve de Lusignan, songez bien qu'aujourd'hui
Il faut régner par nous ou tomber avec lui.
   LA REINE.
Lusignan !
   MOCÉNIGO, *l'arrêtant.*
    A cette heure suprême
Rien ne le sauvera... je vous l'ai dit assez.
Pour votre fils, à l'instant même
Le trône ou la mort... Choisissez...
  LA REINE, *se relevant avec énergie.*
Eh bien je régnerai !... c'est le ciel qui l'ordonne !
Si Lusignan n'est plus, par vous s'il doit périr,
Je saurai de mon fils défendre la couronne :
Je régnerai pour venger et punir !
   MOCÉNIGO.
C'en est donc fait !... La guerre...
   LA REINE.
    Entre nous jugera.
   MOCÉNIGO.
Que prétendez-vous faire ?
   LA REINE.
  Le peuple m'entendra !
   MOCÉNIGO.
Il est à nous...
   LA REINE.
   ...Viens donc affronter sa vengeance !
Quand du meilleur des rois je dirai le trépas ;
Quand je raconterai, barbare, en ta présence
Tes horribles aveux...
   MOCÉNIGO.
    ...On ne vous croira pas.
Mais quand je dirai, moi, qu'une épouse adultère
Seule a frappé ce prince, objet de tant d'amour !...
   LA REINE.
Grand Dieu !
   MOCÉNIGO.
   ...Quand d'un rival, par lui sauvé na-
Je dénoncerai le retour !   (guère,
Quand je dirai qu'ici, par le couple homicide,
Fut versé le poison, sans remords, sans effroi !
Quand je présenterai la coupe encore humide,
Qui pourra vous sauver, qui vous défendra ?...
 LE ROI, *paraissant pâle et mourant, à la porte*
   de la chambre royale.
    ...Moi !

~~~

SCÈNE VII.

LA REINE, GÉRARD, MOCÉNIGO, LE ROI ; *il s'avance péniblement et s'appuie sur la reine, qui court à lui et le soutient.*

ENSEMBLE.
QUATUOR.
  GÉRARD ET LA REINE.
A cet instant suprême,
Par sa voix, c'est Dieu même
Qui d'un juste anathème
Vient frapper son bourreau.
Son pouvoir le ranime,
Et, pour l'effroi du crime,
Arrête la victime
Sur le bord du tombeau !
   LE ROI.
A cet instant suprême,
Par ma voix, c'est Dieu même
Qui d'un juste anathème
Vient frapper mon bourreau !
Son pouvoir me ranime,
Et, pour l'effroi du crime,
Arrête la victime
Sur le bord du tombeau !
   MOCÉNIGO.
A cet instant suprême
On dirait que Dieu même
D'un terrible anathème
Vient frapper son bourreau !
Mais pour l'effroi du crime,
La rage en vain l'anime,
Je brave la victime
Sur le bord du tombeau.
   LE ROI.
Oui, je la défendrai... d'infâmes impostures !
Oui, je démasquerai l'abominable auteur !
Et tout son sang versé dans d'horribles tortures
N'assouvira pas seul ma trop juste fureur !
   MOCÉNIGO, *au roi.*
Frappez... Mais croyez-vous, pour un soldat qui
    [tombe,
Que Venise aujourd'hui si promptement suc-
    (combe ?...
De sein de nos vaisseaux, maître de l'arsenal,
La foudre pour tonner n'attend plus qu'un signal.
 Agitant son écharpe près de la fenêtre.
Le voici !
On entend aussitôt une forte détonation au loin.
 LE ROI, *appelant avec fureur, et montrant Mocé-*
   nigo.
  ...Gardes, qu'on le saisisse !
  De toi je douterais,
  Mon Dieu, si ta justice
  Épargnait ses forfaits.
Des gardes paraissent et s'emparent de Mocénigo.
   ENSEMBLE.
  LE ROI, LA REINE, GÉRARD.
Guerre ! guerre à Venise !
Frappé de toutes parts,
Que son pouvoir se brise
Au pied de ces remparts.
Que sa chute sanglante,
Terrible souvenir,
A jamais épouvante
Les siècles à venir.
  MOCÉNIGO, *au milieu des gardes.*
Gloire ! gloire à Venise !
Tonnant de toutes parts,
Déjà sa foudre brise
Ces impuissants remparts.
Que leur chute sanglante,
Terrible souvenir,
A jamais épouvante
Les siècles à venir.
   LA REINE.
En cet instant d'alarmes,

Sire, voyez nos larmes;
GÉRARD, au roi.
Pour vous, un frère d'armes
Veut combattre avec moi.
LE ROI, à la reine.
Toi, près d'un fils demeure!
Si c'est ma dernière heure,
Ah! que du moins je meure
En chevalier, en roi!

REPRISE DE L'ENSEMBLE.
LE ROI, LA REINE, GÉRARD.
Guerre, guerre à Venise!
Frappé de toutes parts,
Que son pouvoir se brise
Au pied de ces remparts.
Que sa chute sanglante,
Terrible souvenir,
A jamais épouvante
Les siècles à venir.

MOCÉNIGO.
Gloire! gloire à Venise!
Tonnant de toutes parts,
Déjà sa foudre brise
Ces impuissants remparts.
Que leur chute sanglante,
Terrible souvenir,
A jamais épouvante
Les siècles à venir!

Pendant l'ensemble, le bruit de la révolte a redoublé dans la ville. Le canon tonne, le tambour bat. Des lueurs d'incendie éclairent le cabinet royal par la croisée qui donne sur la place. La reine sort vivement, ainsi que Gérard, et le roi, presque mourant, se fait conduire au combat, soutenu par ses écuyers. Mocénigo est emmené par les gardes qui l'entourent.

Deuxième Tableau.

Le théâtre change, et représente la place et le port de Nicosie, vus de nuit. Le feu a déjà ruiné plusieurs édifices.

SCÈNE PREMIÈRE.

La révolte est à son comble. Des troupes cypriotes chargent les Vénitiens, des femmes fuient portant leurs enfants dans leurs bras. Une partie du peuple est à genoux priant. Gérard, à la tête de ses chevaliers de Rhodes, traverse la place en les conduisant au combat. Au milieu de ce tableau de guerre paraît le roi, soutenu par ses écuyers et entouré de ses gardes.

SCÈNE II.
LES MÊMES, LE ROI.
LE ROI, *aux officiers qui le soutiennent.*
Laissez-moi tous... courez sur les pas de la reine;
Au plus fort des combats son dévouement l'entraîne.
S'il en est temps encore allez la secourir.
Et moi... moi seul ici... qu'on me laisse mourir.

SCÈNE III.
LES MÊMES, GÉRARD.
GÉRARD, *revenant du combat.*
La reine!... son exemple a sauvé la patrie!
LE ROI.
Que dis-tu?...
GÉRARD.
Par sa voix tout un peuple excité,
Sur l'assaillant vainqueur fondant avec furie,
Loin du sol qu'il souillait l'a bientôt rejeté.
Sire, voyez-les tous errants sur le rivage,
Poursuivis par le feu jusque sur leurs vaisseaux,
Contre la mort ou l'esclavage
Chercher un abri dans les flots.
LE ROI.
Vous ne m'abusez pas! J'entends des cris de gloire.
Ah! je puis donc mourir... en un jour de victoire!...
Je mourrai donc vengé!... merci, mon Dieu, merci!...
Catarina!... mon fils!... où sont-ils?...
GÉRARD.
Les voici!

SCÈNE IV.
LES MÊMES, LA REINE, *à la tête des troupes qui se précipitent autour du roi.*
LE ROI, *à Catarina, qui fléchit le genou devant lui.*
Dans mes bras!...
A Gérard.
Votre main!... De votre vie entière
Si j'ai fait le malheur, je l'ai bien expié.
Venise, comme vous, m'avait sacrifié.
Pardonnez-moi tous deux à mon heure dernière.
A la reine.
Et vous, vivez, régnez pour votre fils...
Catarina... Gérard... mon fils... soyez bénis.
Il meurt.
LA REINE, *tombant à genoux devant le corps du roi.*
Lusignan...
Se relevant et se tournant vers le peuple.
Au martyr de votre indépendance,
A ses mânes sacrés jurez-vous tous vengeance?
LE PEUPLE ET L'ARMÉE.
Vengeance!
LA REINE, *présentant son fils au peuple.*
Eh bien donc, je confie à votre loyauté
Des Lusignan l'espérance dernière,
Vaincre ou mourir pour sa bannière,
Son roi, son Dieu, sa liberté!!!
TOUS.
Vaincre ou mourir pour sa bannière,
Son Dieu, son roi, sa liberté!!!

Gérard met un genou en terre devant la reine et lui montre le ciel; puis, se relevant, il indique son vaisseau aux chevaliers de Rhodes, et s'apprête à partir. Le peuple et l'armée tombent aux pieds de la reine, tandis que les armes et les bannières s'agitent de toutes parts.

FIN.

THÉATRE DE L'OPÉRA
Pièces en vente à la librairie de Mme Ve JONAS, éditeur
EXTRAIT DU CATALOGUE
OPÉRAS.

- La Muette de Portici, 5 actes.
- Robert le Diable, 5 actes.
- Le Lac des Fées, 5 actes.
- Guillaume Tell, 4 actes.
- La Juive, 5 actes.
- Les Huguenots, 5 actes.
- Guido et Ginevra, 5 actes.
- Benvenuto Cellini.
- La Vendetta, 3 actes.
- La Xacarilla, 2 actes.
- Gustave, 5 actes.
- Les Martyrs, 4 actes.
- Stradella, 3 actes.
- La Favorite, 4 actes.
- Le Comte Carmagnola, 2 actes.
- La Reine de Chypre, 5 actes.
- Charles VI, 5 actes.
- Le Guérillero, 2 actes.
- Le Vaisseau Fantôme, 2 actes.
- Don Sébastien de Portugal, 5 actes.
- Le Lazzarone, 2 actes.
- Le Serment, 3 actes.
- La Vestale, 5 actes.
- Fernand Cortez, 3 actes.
- Moïse, 3 actes.
- Le Philtre, 2 actes.
- Don Juan, 5 actes.
- Le Dieu et la Bayadère, 2 actes.
- Le Comte Ory, 2 actes.
- Richard en Palestine, 3 actes.
- Robert Bruce, 4 actes.
- La Bouquetière, 1 acte.
- L'Ame en peine, 2 actes.
- Le Freischutz, 3 actes.
- L'Étoile de Séville, 1 acte.
- Marie Stuart, 5 actes.
- Jérusalem, 4 actes.
- L'Apparition, 2 actes.
- Jeanne la Folle, 5 actes.
- Le Prophète, 5 actes.
- Le Fanal, 2 actes.
- Sapho, 3 actes.
- Démon de la nuit, 2 actes.
- L'Enfant prodigue, 5 actes.
- La Corbeille d'oranges, 3 actes.
- Le Juif errant.
- La Fronde.
- Louise Miller.
- Le Maître-Chanteur, 2 actes.
- Sainte-Claire.
- Pantagruel.
- La Rose de Florence.
- La Magicienne.

BALLETS.

- La Révolte des Femmes.
- Le Diable boiteux.
- La Chatte métamorphosée en femme.
- La Gypsy.
- La Tarentule.
- La Tempête.
- La Sylphide.
- Le Diable amoureux.
- Giselle.
- Les Noces de Gamache.
- La Jolie Fille de Gand.
- La Péri.
- Lady Henriette.
- Le Diable a Quatre.
- Paquita.
- Betty.
- Ozaï.
- La Fille de marbre.
- Griseldis.
- Nisida.
- La Vivandière.
- Le Violon du Diable.
- La Filleule des Fées.
- Paquerette.
- Vert-Vert.
- Orfa.
- L'Atellané.
- Jovita, ou les Boucaniers.
- La Fille mal gardée.
- Les Elfes.
- Le Corsaire.
- Sacountala.

Et le Répertoire complet des pièces de l'Opéra ancien et nouveau.

PIÈCES DIVERSES.

Le Veuf du Malabar, opéra-comique en 1 acte, par MM. Siraudin et Adrien Robert, musique de M. Doche. Prix : 60 c.

Le Château de Barbe-Bleue, opéra-comique, par M. de Saint-Georges, musique de M. Limnander.

Faute d'un Pardon, drame en 5 actes, par MM. P. Foucher et A. Jarry. Prix : 60 c.

Le Prisonnier sur parole, drame en 3 actes, par MM. Faulquemont et Paul. Prix : 50 c.

Mlle de Choisy, comédie-vaudeville en 2 actes, par MM. de Saint-Georges et B. Lopez.

Paris. — Typ. H. S. Dondey-Dupré, rue Saint-Louis, 46, au Marais.

www.ingramcontent.com/pod-product-compliance
Lightning Source LLC
Chambersburg PA
CBHW070540050426
42451CB00013B/3112